Edict du Roy, tou-
CHANT LA CREA-
tion des nouuelles offices des
capitaines & munitions de no
stre artillerie, que des viures de
noz camps & armées, publiez
le vnziesme iour de Iāuier, mil
cinq sens cinquante & deux.

AVEC PRIVILEGE.
A PARIS,

*Pour Felix Guibert Libraire, tenant sa bouti-
que au Palais en la gallerie pres la chancellerie.*

1552.

ENRY par la
grace de Dieu
Roy de France.
Sçauoir faisons
a tous presens&
aduenir . Que
nous voullans releuer nostre peu
ple côtribuable a la taille des grâ-
des charges qu'il a accoustumé de
porter durant les guerres, a cause
de la fourniture des charrettes .&
cheuaux, requis pour les charroiz
et voictures tãt de nostre artillerie et munitions d'icelle , que des
viures de noz camps & armées.
Auons par aduis & deliberation
des princes & seigneurs de nostre
sang, & autres grãds & notables
personnages, pource conuoquez
& assemblez en nostre conseil,

A .ii.

crée & erigé & par Edict general
perpetuel et irreuocable creõs &
erigeõs, vingt offices de capitaines, qui serõt respectiuement
prins es prouinces de nostre roy-
aulme, les plus prochains de noz
frontieres que faire cõ pourra. A
fin que plustost, & a moingdres
coustz, pour nous ilz soiét prestz
de seruir, quant affaire de guerre
aduiendra esdictes prouinces. Et
intitulez capitaines du charroy
de l'artillerie, la prouisiõ ausquelz
estatz & offices, auons reserué et
reseruons a nous & a noz successeurs, pour y estre desapresent par
nous et cy apres quand vaccation
y escherra, pourueu de personn-
nes capables receás et soluables.
Et subsecutiuement par nosdictz

successeurs Roys, selon aussi que
vaccation y escherra . Lesquelz
pourueuz esdictz estatz seront re
spectiuement chargez de fournir
quatre mille cheuaulx de trait &
voicture garniz de tous harnoys
et equipages, mille charretiers et
six cens charrettes, et selõ que cy
apres sera declairé . Et lesdictz
charretiers et cheuaulx ausdictz
nombres, ou moindres si de tant
nous n'auons besoing nourrir, &
entretenir de toutes choses, & ra-
douber quant besoing sera lesdi-
ctes charrettes, le tout aux despés
desdictz capitaines . Qui pource
faire auront les gaiges, souldes, et
aduãces de deniers et ioyront des
preuileges, franchises & exem-
ptions, telz qui s'ensuiuent.

A .iii.

ET PREMIEREMENT

sera chascun desdictz capitaines
tenu, de fournir deux cents cheuaulx, & cinquante charretiers,
auec vingt cinq charrettes enfon
cées, desselles, du port chascunes
d'icelles de trois poinssons de vin
ou farine, si tant par nous, ou le
maistre & capitaine general de
nostre artillerie luy est enioinct
d'en fournir.

QVE dedans six sepmaines
prochaines, suyuans le iour de la
dicte inionctiõ, il sera tenu de faire partir lesdictz charretiers auec
lesdictz cheuaulx & charrettes,
pour aller au lieu, ou par ledict
maistre de nostre artillerie luy sera commandé pour nostre serui-

o ce, et de fournir de vn charretier
a chafcun attelaige defdictz quatres cheuaulx.

ENVOY faifant, il aura
pour chafcun attelaige de quatre
cheuaulx comprins ledict charretier, foit qu'il y ait charrette ou
non, cinquante folz tournois par
chafcun iour, laqlle foulde luy fera payée par le treforier des fraiz
extraordinaires de noftredicte ar
tillerie, a commécer du iour que
lefdictes voictures partiront du
lieu de la refidence dudict capitai
ne, pour aller audict feruice, au-
quel lieu de fa refidence, il fera tenu faire fon affemblée defdictz
charretiers, cheuaulx & charrettes, & luy fera continué ledict

A .iiii.

payement iusques a son retour
audict lieu.

A V·R·A d'auantaige vingt
solz tournois par chascun iour de
seruice, a compter du iour dudict
partemét, & iusques a son retour,
pour distribuer a celluy ou ceulx
qu'il deputera pour auoir regard
sur lesdictz charretiers cheuaulx,
& charrettes.

O V L T R E ce seront lesdictz
capitaines, payez pour huit iours
desdictes souldes a la raison des-
susdict. Et pour le nombre de che
uaulx & charretiers qu'ilz fourni
ront, affin qu'ilz les puissent nou
rir durant le temps qu'ilz les as-
sembleront & feront enharna-
cher & equiper.

Allans

ALLANS en seruice & re-
tournant d'icelluy, ne seront con
traiⒸtz de faire plus de six lieues,
ou sept par iour, pour le plus.

ET affin que lesdiⒸtz capitaines
soient plus enclins a bien nous ser
uir audiⒸt estat, chascun d'eulx au
ra deux cens liures tournois de
gaiges, ordinaires par chascun an
tant en tēps de paix que de guerre, qui luy seront assignez. Et lesquelz desa present, nous luy assi-
gnons sur le recepueur des tailles
d'election, en laquelle il sera de-
mourant. Pour luy estre par ses
simples quictances payez par le-
diⒸt recepueur aux quatres ter-
mes en l'an accoustumez, a com-
mencer au iour de son institution

B

audict office, fans que luy ne le
dict recepueur foient tenuz de en
obtenir aultre acquict, mande-
ment ou prouifion que ceftuy no
ftre prefent Edict, & ordonnance
& les lettres qui luy feront expe-
diées de la prouifió dudict office.

D'AVANTAIGE ioyra
chafcun defdictz capitaines, de
femblables priuileges, dont ioyf-
fent les officiers ordinaires de no
ftredicte artillerie. Et pourra auf-
fi chafcun d'eulx, quant befoing
fera faire contraindre les charretiers charrons, boureliers maref-
chaulx, & aultres gens de meftier
qui auront promis les feruir de
leurdict meftier, comme a nous
obligez.

S I aucuns defdictz cheuaulx e-
ſtás en noſtredict ſeruice ſõ prins
ou tuez des ennemys, ou bruſlez
par embraſements de munitions
ce ſera a noz deſpens, & neant-
moins a ce que leſdictz capitaines neſe expoſent temerairemēt
aux dãgiers & perilz deſſus dictz.
Il ne pourrõt loger n'aller enfou-
rage en lieu qu'il ne leur ſoit per-
mis & deſigné, par le maiſtre de
noſtre artillerie ou ſon lieute-
nant, autrement ce ſera a leurs pe
riz & fortunes.

N E pourront aucuns officiers
de noſtredicte artillerie quelques
qu'ilz ſoient, ne meſmes le maiſtre & capitaine general d'icelle,
ne ſes lieutenans exiger deſdictz
B .ii.

capitaines dudict charroy ne d[e]
leurs cómis charretiers & cond[u]
cteurs defdictz cheuaulx & cha[r]
rettes aucũs droictz, aufsi quel[=]
ques qu'ilz foient. Sauf toutef[=]
fois a leur faire par nous recom[=]
péfe defdictz droictz fe y efchet.

E T affin que lefdictz capitai[=]
nes fe puiffent mieulx & plus di-
ligemment, & commodeemen[t]
pourueoir dudict nóbre de cha[=]
uaulx & charretiers & de leur e-
quipaige. Nous leur feront faire
aduance le iour que la fignifica-
tion leur fera faicte, de eulx tenir
preftz pour aller a noftredict fer[=]
uice, a raifon de quatrevingtz ef[=]
cuz pour chafcun attelaige de
quatre cheuaulx, cóprins ledict

charretier . Soyͬt qu'il y ayt charrette ou nõ, delaquelle aduãce il
ſera tenu nous rendre bon compte, & pource faire bailler cautiõ
par deuant le general de la charge en laquelle ſera le lieu de la de
mourãce dudict capitaine, ou bié
par deuant le plus prochain iuge
royal dudict lieu d'icelle demou-
rãce, qui a ce ſera ſubdelegué par
ledict general appellé a la recep-
tion de ladicte cautiõ noſtre pro
cureur l'acte de laquelle caution
ſera par ledict general enuoyé en
noſtre chambre des comptes a
Paris, ainſi que les autres actes
des autres cautions de noz officiers comptables de ſadicte charge . Et ſera chaſcun capitaine
tenu de preſenter ſon compte de

B .iii.

ladicte aduance dedans trois mois
apres le iour de son retour dudict seruice, & de payer le reliqua
d'iceluy dedans vng mois apres
la closture dudict compte. Et a-
pres ledict compte rendu, & le re
liqua d'icelluy payé, les cheuaulx
& charrettes qui resteront dudict seruice auec tous leurs equi-
paiges demoureront respectiuement ausdictz capitaines qui les
auront fourniz, pour en faire &
disposer a leur plaisir & volun-
té.

ET ou il aduiendroit, que ilz
feussent renuoyez de nostre seruice auant auoir serui le temps de
vng mois entier, en ce cas & non
autrement entendons & voulons

deduction leur estre faicte de ladi
cte aduance sur le compte que d'i-
celluy ilz rendront a la raison de
trois escuz pour chascun cheual,
a ce que mieulx ilz puissent sup-
porter les fraiz de la nourriture
desdictz cheuaulx, attendans que
ilz soient rappellez de nostre seruice, ou que aultrement ilz ayent
faict leur prouffit d'iceulx cheuaulx.

SI DONNONS en man-
dement a noz amez & feaulx, les
gens de noz comptes, tresoriers
& generaulx, ayants la charge &
administration de noz finances,
ordinaires & extraordinaires, de
la iustice de nos aydes, & au grád
maistre & capitaine general de

noſtredicte artillerie. Et a tous
noz baillifz, ſeneſchaulx, Iuges
preſidiaulx, preuoſtz, eſleuz, &
aultres noz iuſticiers officiers, ou
a leurs lieuxtenans, & chaſcun
d'eulx, ſicomme a luy appartien-
dra. Que noz preſens creation,
crection, Edict, ſtatut & ordonnance, ilz facent lire, publier, &
enregiſtrer, en leurs chambres,
courtz & iuriſdictions, entretenir, garder, & obſeruer. Et de
l'effect d'iceulx, façent ceulx qui
par nous, & noz ſucceſſeurs Roys
feront pourueuz deſdictz eſtatz
& offices de capitaines dudict
charroy, ioyr & vſer plainement
& paiſiblement, ſans en ce leur
faire mettre ou donner, ne ſouf-
frir eſtre faict, mis, ou donné aul-
cun

cun trouble ou empeſchemét au
contraire. Et lequel ſe faict mis
ou donné leur auoit eſté ou eſtoit
eſtent & meſtent, & facent oſter
& meſtre incontinent & ſans de-
lay a plaine deliurance, car tel eſt
noſtre plaiſir. Nonobſtant quel-
conques autres Edictz, ſtatuz
ordonnance reſtrinctions man-
demens ou deffence, a ce contrái-
re. Et affin que ce ſoit choſe fer-
me & ſtable a toùſiours. Nous
auons faict meſtre noſtre ſeel a
ceſdictes preſentes, ſauf en aultres choſes, noſtre droict & l'au-
truy en toutes.

Donné a Compiegne au mois
de Decembre, l'an de grace, mil
cinq cens cinquante & deux.
C

Et de noſtre regne le ſixieſme.

Signé   HENRY. Et a coſté
Viſa. Et plus bas, Par le Roy
eſtant en ſon conſeil.

DV THIER.

LEVES publiées, & enregi-
ſtrées en la chambre des comptes du Roy noſtre ſire, ſe y con-
ſentant le procureur general dudict ſeigneur.   A la charge, que
leſdictz capitaines feront tenuz
vng mois apres la dacte des lettres de leur prouiſion, faire le ſer-
ment en ladicte chambre, & ſoy
faire enregiſtrer, au regiſtre dudict procureur general, ſuyuant
l'ordonnance.   Et auſsi que les

grant maiſtre & contrerolleur ge
neral de l'artillerie, feront regiſtre du iour de la ſignificatiõ qui
fera faicte auſdictz capitaines,
pour aller au ſeruice du Roy, &
auſſi que dudict iour leſdictz capitaines apporteront certificatiõ
deſdictz grand maiſtre & contrerolleur. Affin que ledict procureur general en puiſſe auoir con
gnoiſſance, pour faire compter
leſdictz capitaines, ainſi qu'il eſt
mandé. L'vnzieſme iour de Ian-
uier, l'an mil cinq cens cinquante
& deux.

Signé. *CHEVALIER.*

C .ii.